HISTORIAS GENIALES

Leonardo da Vinci

Pablo Picasso

Marie Curie

Maria Montessori

Frida Kahlo

Mozart

Albert Einstein

Stephen Hawking

Charles Darwin

Ilustraciones de Isabel Muñoz.
Escrito por Jane Kent.
Diseño de Nick Ackland.

VV kids

Producido por i am a bookworm.

© 2020 EDITORIAL VICENS VIVES, S.A.
Sobre la presente edición.

Depósito Legal: B. 17.985-2020
ISBN: 978-84-682-7232-0
N° de Orden V.V.: OQ15

Traducción española de David Paradela.

La vida de

Coco
Chanel

Me llamo Coco Chanel y soy una de las figuras más reconocidas que existen en el mundo de la moda. Mis diseños de alta costura cambiaron el modo de vestir de muchas mujeres y abrieron el camino hacia una nueva forma de entender la elegancia. Si me acompañas, ¡daremos un paseo por la pasarela parisina y te descubriré mis secretos!

Nací el 19 de agosto de 1883 en Saumur, una pequeña ciudad situada en el valle del Loira. La monja que asistió a mi madre durante el parto se llamaba Gabrielle Bonheur, y a mí me pusieron aquel mismo nombre en su honor.

Mis padres, Jeanne Devolle y Albert Chanel, se casaron poco después de que yo naciera. Tuvieron cinco hijos, tres niñas y dos niños. De todos ellos, yo era la segunda.

En 1895, cuando yo tenía doce años, mi madre falleció. Mi padre no se sintió capaz de criar él solo a sus hijos, de modo que envió a mis hermanos a vivir con una familia de campesinos y a mis hermanas y a mí nos dejó en un orfanato.

Me crie en el orfanato católico de Aubazine hasta que cumplí los dieciocho años. Allí, las monjas me enseñaron a coser, a bordar y a planchar.

¡Nunca imaginé que aquellas tareas que tan pesadas y aburridas me resultaban podrían cambiar un día mi vida!

Al salir del orfanato, me trasladé a la ciudad de Moulins. Empecé a trabajar como costurera en una sastrería; y por la noche, como cantante en un café-concierto. Las dos canciones que más me gustaba interpretar eran *Qui qu'a vu Coco* y *Ko Ko Ri Ko*, ¡y de ellas proviene mi sobrenombre «Coco»! Pero mi trayectoria como artista fue muy breve, pues carecía de formación musical para actuar en los escenarios.

En aquella época conocí a un rico heredero textil llamado Étienne Balsan. Etiénne me invitó a vivir con él en el magnífico castillo de Royallieu, y durante mi estancia en la mansión me enseñó a montar a caballo y me introdujo en un nuevo y selecto círculo social. Trabé amistad con un grupo de aristócratas entre los que se encontraba Arthur «Boy» Capel, un amigo de Étienne con quien mantuve un largo romance.

He tenido varios amores a lo largo de mi vida, pero estos dos hombres fueron sin duda los más importantes. Los dos me ayudaron mucho, además, a emprender mi carrera como diseñadora.

En 1909, empecé a confeccionar sombreros para venderlos en una pequeña tienda instalada en el piso de París donde vivía. Mis diseños tuvieron mucho éxito y el negocio creció tan deprisa que pronto tuve que buscar un sitio más grande al que trasladarlo. En 1910, con la ayuda financiera de Boy, inauguré la sombrerería *Chanel Modes* en el número 21 de la calle *Cambon*, ubicada en uno de los barrios más céntricos y elegantes de París.

Mis sombreros eran modernos, elegantes y sencillos. Cuando la actriz Gabrielle Dorziat empezó a lucirlos, se pusieron de moda y muchas mujeres ricas y famosas acudieron a comprarlos.

La creciente popularidad de mis confecciones me animó a expandir el negocio. En 1913, de nuevo con la ayuda económica de Boy, inauguré mi primera *boutique* de ropa en el municipio de Deauville.

En 1914, tras el estallido de la Primera Guerra Mundial, empezaron a escasear las telas y materias primas de todo tipo. Decidí emplear tejido de punto para confeccionar mis vestidos y pronto me gané la fama de ser una diseñadora vanguardista.

Mis éxitos me animaron a abrir, en 1915, una nueva tienda de alta costura en la ciudad de Biarritz. Poco después, se me ocurrió una idea revolucionaria: diseñar pantalones que permitieran a las mujeres liberarse de las largas e incómodas faldas que lucían antes de la guerra.

Mis prendas tuvieron muy buena acogida y, en 1918, compré el edificio número 31 de la calle Cambon para instalar allí una segunda casa de alta costura. En 1920, presenté otra novedad: el traje Chanel de dos piezas, compuesto por una chaqueta sin cuello y una falda entallada. El modelo, promocionado por la revista *Vogue*, pronto conquistó el armario de personalidades como Jackie Kennedy, la primera dama de los Estados Unidos.

En 1921, lancé mi primer perfume. Quería una fragancia que complementara las prendas que confeccionaba y encargué al maestro perfumero Ernest Beaux que encontrara la fórmula. De todas las fragancias que me presentó elegí la quinta, de ahí el nombre con el que salió al mercado: *Chanel N°5*.

Más adelante presenté algunos otros perfumes, entre ellos *1922* y *Gardenia*; pero *Chanel N°5*, el preferido de la actriz Marilyn Monroe, siempre ha sido el más célebre. Además, ¡fue el primer perfume en llevar el nombre de una diseñadora!

En 1919, Boy murió en un trágico accidente de coche. Su muerte me afectó mucho y decidí empezar a vestirme de negro. En 1926, empleé el color del luto para crear una versátil y elegante colección de noche. Así nació el famoso *little black dress* (o vestido corto negro), una prenda destinada a convertirse, para siempre, en un básico de la moda.

En 1929, diseñé el bolso Chanel, inspirado en el zurrón de los soldados. Cansada de llevar el bolso siempre en la mano, como prescribía la moda de la época, concebí un modelo colgado al hombro con correa que permitiera a las mujeres tener los brazos libres.

Años más tarde, en febrero de 1955, rediseñé el bolso: lo recubrí de cuero acolchado y le añadí una solapa frontal y un cierre rectangular giratorio, conocido con el nombre de «cierre *Mademoiselle*». El bolso se llamó 2.55 en alusión a la fecha en la que fue creado.

En 1931, durante una estancia en Montecarlo, conocí a Samuel Goldwyn, un famoso productor de cine. Goldwyn me propuso que viajara a Hollywood dos veces al año para diseñar el vestuario de las estrellas de la gran pantalla. La idea me entusiasmó: ¡tenía curiosidad por explorar aquel universo y ver qué podía ofrecerme!

Si soy sincera, debo decir que la «fábrica de sueños» me pareció bastante vulgar. A pesar de que Greta Garbo pronto se convirtió en una fiel clienta mía, muchos opinaron que mis diseños no lucían en el cine: eran elegantes y sencillos, ¡pero poco impactantes!

En 1937, me mudé a vivir a un apartamento del Hotel Ritz. Desde allí podía acceder fácilmente a los cinco edificios que ocupaba mi negocio, en los números 23-31 de la calle Cambon. Dos años más tarde, en 1939, estalló la Segunda Guerra Mundial. La moda no tenia ningún sentido, así que cerré todas mis tiendas (¡por desgracia, tres mil trabajadores perdieron el empleo!).

Durante aquellos años mantuve una relación amorosa con Hans Günther von Dincklage, un oficial del servicio de inteligencia del ejército alemán. En 1945, cuando la guerra terminó, me interrogaron sobre mi relación con él. Aunque no pudieron acusarme de nada, muchos franceses creyeron que había colaborado con los alemanes y traicionado a mi país. Decidí marcharme de Francia e instalarme en Suiza.

No regresé a París hasta 1954. Tenía más de setenta años y me indignaba que la moda francesa estuviera solo en manos de hombres, como Christian Dior o Cristóbal Balenciaga.

Enseguida me puse manos a la obra y presenté mi primera colección tras la guerra. Recibí muchas críticas, pero mis diseños cómodos y versátiles triunfaron a lo largo y ancho del mundo.

A finales de 1969, la actriz Katharine Hepburn protagonizó en Broadway un musical titulado *Coco*. La obra, escrita por Jay Lerner y musicada por André Previn, ponía en escena la historia de mi vida, aunque en una versión un tanto novelesca y ficticia.

A pesar de que la crítica teatral no se mostró entusiasta con el espectáculo, *Coco* se representó 329 veces con la sala llena. Obtuvo siete nominaciones al premio Tony, de las cuales ganó dos: una al mejor diseño de vestuario (Cecil Beaton) y otra al mejor actor de reparto (René Auberjonois).

Fallecí el 10 de enero de 1971, cuando tenía 87 años. Pasé mi última noche en el Hotel Ritz, perfilando los detalles de una nueva colección que saldría al mercado dos semanas después de mi muerte. El funeral reunió a centenares de personas, entre ellas Yves Saint Laurent y Paco Rabanne. Y muchos de los asistentes quisieron rendirme homenaje luciendo mis diseños durante la ceremonia.

En 1983, el diseñador Karl Lagerfeld se incorporó a la compañía Chanel y empezó a trabajar para continuar mi legado.

Es muy importante que sepamos cultivar aquello que nos apasiona en la vida y que aprendamos a reinventarnos tantas veces como sea necesario, sin miedo a romper con la tradición. Cuando miro atrás, me siento orgullosa de haber abierto nuevos caminos en lugar de seguir los que ya existían. Tú también puedes conseguirlo: explora tu creatividad... ¡y síguela!

Y recuerda: la moda pasa, ¡pero el estilo queda!

Chanel se traslada a Moulins. Trabaja de día
como costurera y de noche como cantante.
Recibe el sobrenombre de «Coco».

Gabrielle Bonheur nace
el 19 de agosto en Saumur
(Francia).

Chanel se enamora de
Arthur «Boy» Capel,
un amigo de Balsan.

1883

1901

1908

1895

1905

Fallece su madre. Chanel se cría en
el orfanato de monjas de Aubazine,
donde aprende a coser.

Conoce a Étienne Balsan
y se muda con él al castillo
de Royallieu.

Con la colaboración de Capel, abre la sombrerería *Chanel Modes* en el número 21 de la calle Cambon.

Funda su primera casa de alta costura en Biarritz.

1910

1915

1909

1913

1918

Se muda a un piso en París. Instala en él una pequeña tienda de sombreros.

Inaugura su primera *boutique* en Deauville.

Inaugura una segunda casa de alta costura en el número 31 de la calle Cambon.

Capel muere en un accidente de coche.

Crea el vestido corto negro (LBD o *little black dress*).

Empieza la Segunda Guerra Mundial y Chanel cierra sus tiendas. Entabla una relación amorosa con el oficial alemán Hans Günther von Dincklage.

1919

1926

1939

1921

1929

Chanel presenta el traje que lleva su nombre y el perfume *Chanel Nº5.*

Diseña el primer bolso con correa de hombro.

Relanza el bolso Chanel
con el nombre 2.55.

Chanel fallece el 10 de enero de
1971, a los 87 años. Dos semanas
después, sale al mercado su
última colección.

1955

1971

1954

1969

1983

Katharine Hepburn
protagoniza el musical
Coco, en Broadway.

Regresa a París y
diseña la primera
colección de la
posguerra.

El diseñador
Karl Lagerfeld
se incorpora a la
compañía Chanel.

PREGUNTAS

1. ¿Qué labores aprendió Chanel
en el orfanato?

----

2. Chanel trabajaba como costurera durante el día.
¿Cuál era su ocupación durante la noche?

3. ¿Dónde vivió Chanel con Étienne Balsan?

----

4. ¿De quién recibió ayuda económica Chanel para
abrir la sombrerería *Chanel Modes*?

5. ¿Dónde inauguró Chanel su primera
casa de alta costura en 1915?

6. ¿Cuál era el perfume favorito
de Marilyn Monroe?

----

7. ¿Qué emblemática prenda diseñó Chanel
en 1926 para su colección de noche?

----

8. ¿Cuál era la principal característica del bolso Chanel?

9. ¿Quién le pidió a Chanel que diseñara el vestuario
de las películas de Hollywood?

10. ¿En qué año se incorporó el diseñador
Karl Lagerfeld a la compañía Chanel?

RESPUESTAS

1. Aprendió a bordar, a coser y a planchar.

2. Cantante.

3. En el castillo de Royallieu.

4. De Arthur «Boy» Capel.

5. En Biarritz.

6. *Chanel Nº5.*

7. El *little black dress* o vestido corto negro.

8. La correa al hombro.

9. El productor de cine Samuel Goldwyn.

10. En 1983.